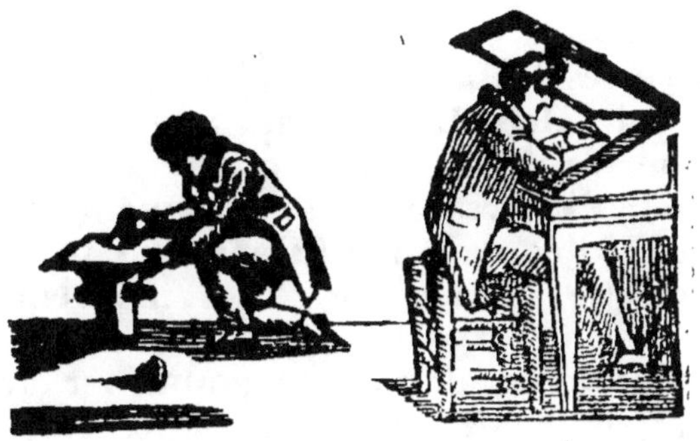

L'OBSERVATEUR

AU

MUSÉE ROYAL.

EXPOSITION DU 15 MARS 1843.

---

*Les Tableaux sont exposés dans la première Sa'le d'entrée,
dans le grand Salon, dans les première, deuxième, troi-
sième et quatrième parties de la grande Galerie, et dans
la petite Galerie.*

---

1. Achille de Harlay dans la journée des barricades
   (12 mai 1588.) Abel de Pujol.

La ligue venait de remporter dans Paris un triomphe
éclatant; les troupes royales avaient reculé devant les
compagnies bourgeoises, et les barricades, poussées

jusqu'aux portes du Louvre, tenaient Henri III prisonnier dans son palais. Le roi, sans autre ressource que la fuite, pour sauver le reste de son autorité, courut au galop vers Chartres, et laissa les ligueurs maîtres de la capitale. Le duc de Guise (Henri de Lorraine), qui avait dans cette journée dirigé les mouvemens de la multitude, resta chargé de tous les embarras de la victoire populaire. Il avait compté gouverner avec la signature du roi captif; déchu de cet espoir, il sentit que la loi, par ses organes réguliers, pouvait seule sanctionner la rébellion victorieuse. Il se rendit avec une suite nombreuse chez le premier président du parlement, Achille de Harlay; il le trouva qui se promenait dans son jardin, s'étonnant si peu de leur venue, qu'il ne daigna seulement pas tourner la tête ni discontinuer sa promenade commencée, et qui ne fut achevée qu'au bout de son allée. Il se retourna, et vit le duc de Guise qui venait au-devant de lui. Alors ce grave magistrat, haussant la voix, lui dit : « C'est grand'-pitié quand le valet chasse son maître. Au reste, mon âme est à Dieu, mon cœur est à mon roi, et mon cœur est entre les mains des méchans; qu'on en fasse ce qu'on voudra. »

2. Chlodsinde, ou l'épreuve par l'eau bouillante. Du même auteur que le premier.

L'épreuve par l'eau bouillante s'opérait en plongeant le bras dans une chaudière pleine d'eau en ébullition, pour y saisir un anneau ou une pierre qu'on y jetait, après les avoir préalablement bénis.

Vers l'an 700, Pepin-le-Gros, maire du palais, fit subir le jugement de Dieu par l'eau bouillante à une jeune fille nommée Chlodsinde, accusée d'avoir usé de maléfice envers Childebert III, son royal amant, qu'elle s'efforçait d'arracher à la honteuse et énervante tutelle de Pepin.

Le jugement eut lieu au monastère de Blangiacum

(aujourd'hui Blangi en Artois). L'évêque de Thérouane fit baiser le crucifix à la jeune fille, et laissa tomber son anneau dans la chaudière, sous laquelle un escla- ve, qui était chargé de ce soin, mit un nouveau mon- ceau de broussailles. Chlodsinde plongea le bras dans l'eau bouillante, saisit l'anneau, etc., etc.

8. Les moines arméniens à Venise.

10. La Confession.

18 Vue prise au Bas-Meudon, bords de la Seine.

23. Tentation de Saint-Antoine.

26. Les saintes femmes au tombeau de Jésus-Christ.

37. Le Cadeau de gibier.

42. Saint-Christophe portant le Christ. Barre (Albert.)

L'enfant pesait sur lui comme un lourd fardeau. Of- ferus, craignant de noyer l'enfant, lui dit en levant la tête : « Enfant, pourquoi te fais-tu si lourd? Il me sem- ble que je porte le monde. » L'enfant répondit ; « Non- seulement tu portes le monde, mais celui qui a fait le monde. Je suis le Christ, ton Dieu et ton maître ; je te baptise.... Désormais tu t'appelleras Christophe. »

54. Napoléon au pont d'Arcis - sur - Aube (20 mars 1814.)

58. Bataille d'Oporto, livrée par l'armée française sous les ordres du maréchal duc de Dalmatie, à l'armée portugaise, commandée par le généralissime évêque d'Oporto (29 mars 1809). Beaume (Joseph.)

Au mois de mars 1809, les officiers du génie anglais et portugais n'avaient rien négligé pour mettre la ville d'Oporto en état de défense. Cette ville, la plus impor- tante du Portugal après Lisbonne, avait été couverte par une ligne d'ouvrages détachés, liés entre eux par des fossés, palissadés et armés de 200 pièces de canon. Elle était défendue par une armée de 20,000 soldats de troupes régulières, qui fut portée à 60,000 hommes par l'arrivée de nombreuses milices.

Le 20 mars, la première division de l'armée française, commandée par le maréchal duc de Dalmatie, arriva vers midi à Saint-Marmet; le corps fut suivi successivement par le reste des soldats qui devaient prendre part à la mémorable bataille du lendemain.

Le maréchal, après avoir reconnu les positions occupées par l'ennemi, donna ses ordres pour les diverses attaques, et se réserva celle du centre.

Le 29 au matin, l'attaque générale eut lieu; la division Merle, soutenue de la brigade Marsy, eut ordre de pousser son attaque de la veille. Les généraux Delaborde et Franceschi furent chargés de l'attaque de gauche.

La division Mermet fut chargée de l'attaque du centre; elle eut ordre d'attaquer de front la position principale de l'ennemi, de l'enlever et de marcher ensuite sur Oporto.

Le général Lahoussaye, avec la brigade de Caulincourt, fut chargé de suivre le mouvement de la division Mermet; à sept heures, les divisions Merle et Delaborde s'engagèrent; une demi-heure après M. le maréchal duc de Dalmatie fit dire à la première de ralentir son mouvement, en même temps qu'il donna ordre au général Delaborde de presser le sien; il retint celui du général Mermet.

L'ennemi voyant que ses ailes seulement étaient attaquées, crut pouvoir dégarnir son centre et retirer une partie de ses troupes pour les porter à sa gauche: à l'instant même le maréchal ordonna au général Mermet d'attaquer, et les deux redoutes principales, qui formaient la clé de la position de l'ennemi, furent enlevées. La batterie d'artillerie légère du capitaine Patenaille eut à peine le temps de tirer quelques volées, que quatre compagnies de voltigeurs, conduites par le major Dauture, du 4e léger, pénétrèrent par les embrasures et se rendirent maîtresses des ouvrages, où beaucoup de Portugais furent tués et vingt pièces de canon enlevées. En même temps le général Merle attaqua la gauche de l'ennemi, enleva les fortifications et culbuta les troupes qui les défendaient ; il les poursuivit vivement l'épée dans les reins jusqu'auprès du Duero. Quelques fuyards se jetèrent dans les canots, la majeure partie essaya de se sauver en profitant de la marée basse; les flots qui remontèrent en firent périr plusieurs milliers.

Le fort de la Fez capitula immédiatement.

64. Vue prise de la forêt de Compiègne près de Pierrefonds; étude.

66. Vue prise de la forêt de Fontainebleau.

72. Jésus-Christ devant Ponce-Pilate.

80. Saint-Michel délivrant une âme chrétienne des mains du démon.

82. Abordage du vaisseau hollandais par Jean Bart (29 juin 1694. Biard.

83. Le prince de Joinville visite dans le Liban le village maronite d'Héden (30 septembre 1836).

84. Le prince de Joinville visite le Saint-Sépulcre (7 octobre 1836).

Le 6 octobre, l'Iphigénie mouilla sur la rade de Jaffa, et le lendemain le prince de Joinville, avec plusieurs officiers de la frégate et tout l'attirail d'une caravane turque, s'achemina vers Jérusalem. Le pacha d'Égypte, Mehemet-Ali, investi du pachalik de Syrie, par son dernier traité avec la Porte, avait ordonné au gouverneur de Jérusalem, Hassan-bey, de faire tout ce que lui demanderait le fils du roi des Français; aussi le prince fut-il accueilli dans la ville sainte avec tout le fracas et la pompe qui accompagnent l'entrée des personnes royales dans les villes européennes. Descendu au couvent du Saint-Sauveur, le prince de Joinville commença aussitôt, sous la conduite des Pères, le pieux pèlerinage qu'accomplissent tous les voyageurs européens qui visitent les saints lieux. Après avoir suivi la voie Douloureuse, il se rendit au Saint-Sépulcre, dont les dalles n'avaient pas été touchées par un prince français depuis le temps des croisades.

100. Judith.

Avant de mettre à mort Holopherne, Judith fortifie son courage par la prière.

106. La Diseuse de bonne aventure.

114. Portrait de mademoiselle Léontine, du théâtre de la Gaîté.

115. Portrait de M. Neuville, artiste des Variétés.

131. Saint Jean convertissant un chef de bandits.

150. Moulin en Normandie.

156. L'Ivrogne et sa femme.

157. Vue prise dans le département du Loiret.

Effet du soir. Deux jeunes filles se baignent au bord d'une petite rivière.

188. Saint Louis après le combat de la Massoura.

209. Portrait du général baron Sibuet, ancien aide-de-camp du maréchal Masséna, tué au passage du Bober, en Silésie, le 30 août 1813.

216. Prise de la grande redoute de la Moskowa ; mort du général Caulincourt (7 septembre 1812).

233. Origine du culte du Sacré-Cœur. Cibot (Edouard.)

La vénérable Marguerite-Marie, née en 1647, était depuis quelques années religieuse au monastère de la Visitation de Paraz-le-Moinal, en Charolois, lorsqu'un jour qu'elle était devant le Saint-Sacrement, Jésus se présenta à elle sous une forme sensible. Des flammes

sortaient de sa poitrine, qui ressemblaient à une four-
naise ardente; on voyait son cœur qui était la source
de ces flammes. Dans cette apparition et dans plusieurs
autres qui suivirent, Jésus prescrivit le culte du Sacré-
Cœur, établi vers le milieu du treizième siècle, après
les efforts réitérés de la bienheureuse Marguerite-Marie.

268. Mort du capitaine Auzouy.

Le capitaine des grenadiers à cheval de la garde im-
périale, Auzouy, blessé à mort à la bataille d'Eylau,
était couché sur le champ de bataille; ses camarades
viennent pour l'enlever et le porter à l'ambulance; il
ne recouvre ses esprits que pour leur dire : « Laissez-
moi, mes amis; je meurs content, puisque nous avons
la victoire, et que je puis mourir sur le lit d'honneur,
environné de canons pris à l'ennemi et des débris de sa
défaite. Dites à l'empereur que je n'ai qu'un regret,
c'est que dans quelques momens je ne pourrai plus
rien pour son service et pour la gloire de notre belle
France.... A elle mon dernier soupir.... » L'effort qu'il
fit pour prononcer ces paroles épuisa le peu de forces
qui lui restaient.

248. Bataille du Mont-Thabort (16 avril 1799).

249. Bataille d'Héliopolis (20 mai 1800).

Tandis que nos soldats s'avançaient au pas de charge
sous les boulets et la mitraille de l'ennemi, les janis-
saires sortirent des retranchemens et se précipitèrent à
l'arme blanche sur la colonne de gauche; arrêtés de
front par le feu vif et soutenu de cette colonne, ils
jonchèrent bientôt le terrain de leurs corps. Les grenadiers franchissent les fossés qui sont remplis de morts
et de blessés; en un moment pièces de canon, dra-
peaux, tout ce qui se trouve dans les retranchemens
tombe au pouvoir des vainqueurs.

**257. Christophe Colomb devant le conseil de Salaman-
que. Colin (Alexandre-Marie.)**

La conférence relative à la proposition de Colomb
eut lieu à Salamanque, dans le couvent dominicain de
Saint-Etienne, où Colomb fut logé par les religieux.
Le conseil était composé de professeurs d'anatomie, de
géographie, de mathématiques et d'autres branches de
sciences, ainsi que de plusieurs dignitaires de l'église et
de quelques moines érudits ; ce fut devant cette docte
assemblée que Colomb se présenta pour exposer et dé-
fendre ses argumens.

**270. Saint Vincent de Paule recueille les orphelins, et
appelle sur eux les bénédictions de Dieu.**

313. Le Christ apparaissant à la Madeleine.

338. Mort des enfans de Clodomir.

Clodomir avait laissé trois fils : leurs oncles, Childebert et Clotaire, résolurent de les assassiner en com-
mun et de se partager l'héritage de ses enfans, dont
ils saisirent les deux aînés par ruse ; le plus jeune leur
échappa.

Aussitôt Clotaire prend le plus âgé par le bras, le
jette contre terre et le tue impitoyablement en lui en-
fonçant un couteau dans l'aisselle. Aux cris poussés
par cet enfant, son frère se jette aux pieds de Childebert,
et, prenant ses genoux, il lui en pleurant : « Secours-
moi, mon bon père ! que je ne périsse pas comme mon
frère. » Childebert ému dit à Clotaire : « Mon cher
frère, je te demande grâce pour sa vie ; je te donnerai
tout ce que tu voudras, mais je t'en prie, ne le tue pas. »
Alors Clotaire d'un air furieux et menaçant : «Ou re-
pousse-le, s'écria-t-il, ou tu vas mourir à sa place. Toi,
l'instigateur de toute cette affaire, es-tu donc si prompt
à manquer de foi ? » A ces mots, Childebert repoussa
l'enfant vers Clotaire, qui le prit, lui enfonça comme
à son frère un couteau dans le côté, et le tua.

351. Translation de la sainte case de la Vierge. Devéria (Achille.)

La maison que la sainte Vierge occupait à Nazareth fut en trois fois transportée par les anges à Lorette, où elle fut entourée d'une église ravissante que l'on doit aux plus habiles artistes de l'Italie au seizième siècle.

382. Episode de l'embarquement du corps de l'empereur Napoléon à bord de la frégate la Belle-Poule.

400. Délivrance de saint Pierre.

En l'an 43, la ville de Jérusalem et toute la population obéissait à Hérode Agrippa, petit-fils du grand Hérode, sous lequel Jésus-Chris était né. Hérode, cherchant à gagner l'affection des juifs, exécuta contre les disciples de Jésus une nouvelle persécution. Voyant le plaisir que la mort de saint Jacques le Majeur avait fait aux juifs, il fit arrêter saint Piesre et le fit mettre en prison sous bonne garde: Pendant la nuit qui précédait le jour du supplice, lorsque saint Pierre dormait chargé de chaînes, l'ange du Seigneur parut dans la prison et remplit le lieu de lumière, puis poussa Pierre; il l'éveilla et lui dit de se lever promptement et de le suivre.

Au même instant les chaînes tombèrent, les portes s'ouvrirent; Pierre sortit et suivit l'ange, ne sachant ce qui se passait, et croyant que c'était une vision.

416. Funérailles du général Kléber au Grand-Caire. (Egypte).

601. Sacrifice druidique.

640. L'Angelus à la Trappe. Jacquaud (Claudius.)

Tous les moines, le soir, quand l'angelus appelle,
Montant et descendant, marchant vers la chapelle,

Et chacun, tour à tour, du premier au dernier,
Sonne un coup à la cloche au bas de l'escalier ;
Et lorsqu'elle se tait les prières commencent.

682. **L'Aumône de la Veuve.**

710. **Levée du siége de Malte (septembre 1565).**

714. **Geneviève la Fleuriste.**

863. **Saint Jacques le Majeur pardonnant à celui qui l'avait arrêté et conduit devant les juges, Mélin (Joseph.)**

948. **Attaque et prise de Médéah (17 mai 1840).**

952. **Clovis I", roi des Francs, converti par sainte Clotilde, sa femme, et par saint Remi, évêque de Reims.**

1088. **Moïse sauvé des eaux.**

1091. **Paul et Virginie.**

1161. **Le saint homme Job.**

1172. **Saint Vincent de Paul. Vidal (Jules.)**

Le respect qu'il inspirait était si grand que, dans une de ses excursions nocturnes, où il allait ramasser des enfans abandonnés, ayant été rencontré par une troupe de brigands armés, il n'eut besoin que de se nommer pour faire cesser leurs menaces ; tous tombèrent à ses pieds et sollicitèrent sa bénédiction.

1179. **Achille de Harlay.**

1189. **Saint Paul, en prison, baptise le geôlier et sa famille.**

1282. **Vue de la place de la Concorde.**

1293. **Combat de la barrière du Trône (mars 1814). Leclerc.**

Les armées européennes attaquaient Paris, défendu

seulement par quelques troupes et par ses gardes natio-
nales. Les écoles prirent les armes et furent réparties
sur les principaux points ; les élèves de l'Ecole Polytech-
nique, attachés au service d'une forte batterie en avant
de la barrière du Trône, repoussèrent les attaques des
ennemis et éprouvèrent des pertes graves. La forteresse
de Vincennes se défendit jusqu'au dernier moment.

1353. Gennaro et le duc de Guise (1657).

1379. Le Couronnement de la Vierge, aquarelle d'après
la section supérieure du tableau peint par Raphaël,
Jules Romain et le Fattore.

1387. Raisins de Provence.

———◆———

SCULPTURE.

1389. La Madeleine au désert, statue en plâtre.

1483. Sainte Famille, groupe en plâtre.

1420. Charles d'Anjou, comte de Provence, frère de
saint Louis, statue en pierre Dumas.

Il appose son cachet sur le traité qui le rend maître
du château et de la forteresse d'Hyères, qu'il assiégeait
inutilement depuis cinq mois, et en échange desquels
il accorde aux seigneurs d'Hyères vingt-deux villes ou
villages de son comté.

1430. Alexandre-le-Grand tenant un lion, groupe en
plâtre

1454. Buste de mademoiselle Fitz-James, plâtre.

1560. Buste de S. A. R. Mgr le duc d'Orléans, marbre.

1462 La première distribution des croix de la Légion-
d'Honneur au camp de Boulogne, bas-relief en
bronze.

1467. Jeune berger piqué par un serpent, son chien lè-
che sa blessure; statue en marbre

1477. Guillaume Ier, dit le Taciturne, prince d'Orange;
statue équestre en plâtre.

1479 La Charité, groupe en marbre.

1488. Sara la Baigneuse, bas-relief en plâtre

> Elle bat d'un pied timide,
> L'onde humide
> Qui ride son clair tableau;
> Du beau pied rougit l'albâtre,
> La folâtre
> Rit de la fraîcheur de l'eau.

1406. La Philosophie, statue en marbre.

1501. Vénus et l'Amour, petit groupe en plâtre

Paris.—Imprimerie de Chassaignon, rue Gît-le-Cœur 17.

www.ingramcontent.com/pod-product-compliance
Lightning Source LLC
LaVergne TN
LVHW022254030726
842520LV00009B/2812